AF337495

RÉPONSE

A L'ÉCRIT DE M. F.-Z. COLLOMBET,

AYANT POUR TITRE :

M. VILLEMAIN,
DE SES OPINIONS RELIGIEUSES ET DE SES VARIATIONS.

LYON.

IMPRIMERIE DE L. BOITEL, QUAI ST-ANTOINE, 36.

RÉPONSE

A L'ÉCRIT DE M. F.—Z. COLLOMBET,

AYANT POUR TITRE :

M. VILLEMAIN,

DE SES OPINIONS RELIGIEUSES ET DE SES VARIATIONS ;

PAR

ALEXANDRE NICOLAS,

ANCIEN ÉLÈVE DE L'ÉCOLE NORMALE, PROFESSEUR DE RHÉTORIQUE
AU COLLÉGE ROYAL DE LYON.

PARIS.
Chez JOUBERT, LIBRAIRE, RUE DES GRÉS SORBONNE.
LYON.
GIBERTON ET BRUN, LIBRAIRES DE L'ACADÉMIE,
PETITE RUE MERCIÈRE, 7 ;
MIDAN ET GOURDON, RUE LAFONT, ET SAVY, QUAI DES CÉLESTINS.

1844.

RÉPONSE

A L'ÉCRIT DE M. F.-Z. COLLOMBET,

AYANT POUR TITRE :

M. VILLEMAIN,

DE SES OPINIONS RELIGIEUSES ET DE SES

VARIATIONS.

———

Mgr. de Bonald a été dur envers l'Université dans son dernier mandement (1). Nous pourrions peut-être articuler quelques plaintes, mais la théologie est chose sainte et sacrée. Profane, nous n'y toucherons pas. Bien que Monseigneur ait négligé, sans doute à dessein, de se renfermer dans les questions de dogme et de rituel, ou de rappeler les beaux enseignements de la morale évangélique ; bien qu'il ait étendu sa vaste surveillance et son autorité décisive jusque sur les objets de la vie

(1) 2 février 1844.

commune, sur ces matières qui semblaient appartenir désormais à la discussion la plus indépendante, au bon sens des chefs de famille, à la raison individuelle ; bien que le premier pasteur du diocèse, en vertu de ses attributions religieuses, ait cru devoir de nouveau lancer des paroles plus sévères que pacifiques contre le professorat universitaire, nous nous garderons pourtant de franchir les limites que le respect nous impose, et de pousser ainsi quelques esprits mal faits à répéter, pour la millième fois, que les colléges de l'Etat sont hostiles au catholicisme (1). Il nous faut nous incliner avec toute la déférence qu'elle mérite devant la savante et pathétique homélie du prélat.

Mais heureusement les bons Pères dont elle est surtout destinée à défendre les terrestres intérêts, comptent plus d'un champion dans des rangs moins inattaquables. Nous en sommes fort aise pour nous autant que pour eux ; cela nous permet d'exprimer nos griefs dans l'examen d'une satyre un peu moins sacerdotale, et de nous montrer respectueux en-

______

(1) Voir la brochure de M. Collombet pag. 2, 5.

vers Monseigneur, sans paraître trop insensible aux piqûres.

Quelques jours avant la publication du Mandement épiscopal, M. Collombet avait donné le sien. Si nous pouvons comparer les petites choses aux grandes, M. Collombet a été précurseur, mais un précurseur plein de colère. Autant Mgr. de Bonald a su revêtir d'une diction insinuante et calme la réprobation la moins équivoque, dirigée contre nos tendances prétendues et contre nos méthodes, autant M. Collombet est irrité et cruel. Il a déclaré à M. Villemain une guerre violente; sa pensée va jusqu'à l'injure; son langage est acerbe et mordant. Il est précurseur par la date; mais, au risque de ruiner nous-même cette comparaison, nous dirons que M. Collombet n'a pas rencontré le rayon de miel sauvage qui nourrit l'ancien prophète au désert et qui paraît avoir coulé sur les lèvres du cardinal.

N'était cet emportement furieux, nous affirmerions que M. Collombet veut nous traiter en évêque (1). C'est un évêque laïc; il se pose ; et.

(1) Pag. 37, 38.

comme du haut de la chaire, il juge et il frappe. Il frappe tout le monde; la science, le talent, le génie même et des vertus éprouvées, rien n'arrête sa dextre vengeresse. A cette fois, M. Villemain n'est sur le banc des accusés que parce qu'il est le chef du corps enseignant. C'est véritablement à l'Université que tous les coups s'adressent à travers le cœur du Grand-Maître. Nous sommes donc intéressés dans la querelle, et nous et bien d'autres : M. Michelet est attaqué, dirai-je pour s'être permis je ne sais quelle médisance ou quelle erreur sur je ne sais quel statut pénitentiaire du moine Colomban (1)? Peut-être pour avoir assimilé à *un vol de chauve-souris* l'apparition inattendue et brusque de quelques hommes dont les attaques furtives et les embûches se cachent dans l'ombre (2)? A coup sûr, parce qu'il a écrit son livre *Des Jésuites*. — M. Balbi reçoit une verte remontrance, pour avoir osé ne considérer dans les *catholiques grecs* que le principe chrétien, et avancer qu'entre eux et les Romains, les dissidences les plus sérieuses n'étaient

(1) Voir M. Collombet p. 103, 104
(2) Ibid. p. 99.

visibles qu'aux yeux des docteurs en droit ca-
nonique (1).--M. Charles Lacretelle n'est pas à
l'abri de la censure : il a dit, au mois de novem-
bre dernier, un petit mot contre les Jésuites (2).
-- M. Cousin est rudement traité parce qu'il a
prétendu que les Turcs de Mahomet II avaient
plus de sève et d'énergie nationale que les
Grecs du Bas-Empire (3).-Voltaire reçoit à tout
propos des chiquenaudes, et M. Capefigue des
éloges pour avoir dit après M. Villemain (4) et
dans le langage d'un plagiaire ce que M. Collombet affecte de ne vouloir pas accorder au
Grand-Maître de l'Université(5).--Mirabeau est
frappé de verges pour n'avoir pas été un saint
Antoine, et M. Thiers pour ne l'avoir pas dit(6).
-- Montesquieu lui-même(7), Montesquieu qui
a fait entendre sur le christianisme les plus belles choses peut-être des temps modernes ; Montesquieu va périr avec tous ses titres à la re-

(1) Pag. 81, 82.
(2) Pag. 106.
(3) Pag. 59.
(4) Voir le *Globe.* tome V, 10 juillet 1827.
(5) Pag. 100.
(6) Pag 25, 26, 27.
(7) Pag. 69, 70.

connaissance du genre humain dans cet abî-
me où M. Collombet, son terrible adversaire,
le précipite et où il roule enveloppé dans la
même proscription que Voltaire, Mirabeau,
La Mennais, Michelet, Balbi, Thiers, Cousin,
Lacretelle, Villemain et l'Université tout entière. Ainsi donc, l'opuscule qui vient de paraître est une revue des deux derniers siècles
foudroyés des hauteurs du catholicisme. Mais
nous pouvons bien refuser à M. Collombet le
droit d'être le représentant légitime et sans appel des doctrines qu'il pense défendre; nous
pouvons bien rire un peu de ses anathêmes,
comme nous pouvons rire de ses tendresses
infinies pour le *Monopole* (1), cette œuvre car-
navalesque, ramas étrange et fangeux de gros-
siéreté, de calomnie directe ou de calomnieuse
interprétation.

Si M. Collombet prétendait avoir reçu mission d'en haut pour flageller tous les délin-
quants, du moins aurait-il pu prendre ses
armes dans un arsenal moins infect. — Mais
laissons-lui ses antipathies et ses préféren-
ces, et plus fidèle que lui-même au titre de

(1) Pag. 2.

son pamphlet, mettons à part toutes les attaques étrangères à l'Université ou à M. Villemain, et qui, par cela même, ne méritent pas de nous occuper dans l'examen de ce vaste et singulier réquisitoire.

L'entassement des noms propres et des griefs y est tel qu'il en résulte beaucoup de confusion et d'obscurité. M. Collombet l'a senti lui-même, et il a pensé qu'une récapitulation en toutes formes était nécessaire à la fin de sa longue invective (1). Cette récapitulation résulte-t-elle exactement des faits qui la précèdent? est-elle une conclusion rigoureuse du plaidoyer? M. Collombet nous a-t-il présenté avec le modèle de la rudesse et de la véhémence, celui d'une logique sérieuse? A-t-il justifié de cruelles appellations, des épithètes que d'honnêtes gens ne donnent jamais à leurs adversaires les plus déclarés : voilà ce qu'il nous faut examiner; mais établissons d'abord avec le secours que M. Collombet veut bien nous prêter lui-même, quels peuvent être ses plus gros motifs d'exaspération et de vindicte?

1° M. Villemain, dit-il, calomnie la religion de Moïse;

(1) Pag. 118, 119.

il la représente comme un polythéisme expirant à l'heure où le christianisme la remplace. La loi chrétienne n'aurait donc plus cette base divine qu'elle reconnaît et proclame dans le culte hébraïque.

2° M. Villemain ne reconnaît pas la divinité du christianisme. Il regarde la doctrine nouvelle comme une philosophie rivale du stoïcisme, née de l'enthousiasme, et propagée par des voies tout humaines, à l'aide des lettres et de la philosophie grecques.

3° M. Villemain calomnie les mœurs et les doctrines évangéliques, lorsqu'il attribue en partie au christianisme la chûte de l'empire romain.

4° M. Villemain traite de *polythéisme local* le culte des saints; il représente les docteurs de l'église comme des *ambitieux*; il donne les Jansénistes pour *les seuls chrétiens peut-être de leur siècle*, et flétrit les Jésuites comme des partisans de la domination aveugle sur les esprits.

5° M. Villemain profite de toutes les occasions qui peuvent lui permettre de renouveler contre l'Eglise et contre le catholicisme les vieilles agressions des philosophes. Ses préjugés, son hostilité se manifestent dans tous ses écrits, mais particulièremeut dans ses *Mélanges littéraires et historiques*, dans ses *Etudes sur les Pères de l'Eglise*.

Voilà les chefs principaux de l'accusation. Plusieurs auraient besoin d'être divisés; le quatrième surtout présente une complication assez bizarre; tous exigeraient une démonstration complète.

Il nous serait impossible de nous appesantir sur toutes les citations défigurées par M. Collombet, mal interprétées et torturées par lui. Nous nous arrêterons aux passages les plus significatifs, à ceux sur lesquels M. Collombet insiste avec le plus de complaisance pour établir cette éternelle hostilité des universitaires et de leurs Grands Maîtres contre l'Eglise catholique.

Outre les griefs déterminés, l'auteur signale des tendances; c'est un véritable procès de tendance qu'il intente à M. Villemain. Ennemi dangereux, s'il en fut, M. Villemain sait déguiser avec habileté ses pensées les plus agressives (1), peu s'en faut que M. Collombet ne compare ses attaques à celles dont parle Mirabeau; partout à l'entendre, M. Villemain lance contre l'Eglise ces traits décochés d'une main rapide et cauteleuse, auxquels devait ses victoires l'insaisissable milice du désert. Venons aux exemples. On reprochait à l'éloquent professeur de la Sorbonne d'avoir loué le génie

(1) Pag. 5.

de J. J. Rousseau avec l'entraînement qu'inspire sa ravissante éloquence. C'était l'époque
où les noms seuls de Rousseau et de Voltaire
provoquaient des colères si étranges chez leurs
adversaires fanatiques et intéressés. M. Villemain qui avait su les blâmer tous les deux et
les louer avec courage, se résigna presque au
silence et dit à la leçon suivante : « J'ai cessé
d'en parler et je serai ennuyeux, parce que
cela est plus orthodoxe. » Ces paroles ont
ému M. Collombet (1) comme si l'orthodoxie
dont M. Villemain se plaignait avec une amère
raillerie, était véritablement l'orthodoxie romaine et gallicane, comme s'il ne se plaignait
pas de ces brouillons fatigants qui, alors comme aujourd'hui, prétendaient être les seuls et
légitimes défenseurs de l'église, et qui alors,
comme aujourd'hui, opposaient à tous les projets d'amélioration, à tous les développements
de liberté sérieuse et régulière, l'obstacle de
leur fanatique ignorance. Est-il bien légitime
de conclure de ces faits que M. Villemain et
l'Université qu'il dirige sont les adversaires du
catholicisme?

(1) Pag. 8.

Autre caractère auquel se signalent les tendances anti-catholiques de M. Villemain. Le pamphlétaire trouve mauvais que l'orateur ait plaisanté plus d'un ministre (1).

M. Villemain l'a fait avec finesse, et nous avons été enchanté de retrouver tant d'esprit dans les citations de M. Collombet.

Mais où jamais a-t-il été défendu de rire des ministres et de faire songer quelquefois à ceux de la France en parlant de ceux de l'Angleterre ? Où sommes-nous pour prononcer ou pour admettre une pareille interdiction ? M. Collombet veut-il donc nous rappeler les personnages de la fable ? Ne se souvient-il plus des obsèques de la Lionne :

> Le cerf ne pleura point. . . . . . . ,
> . . . . un flatteur l'alla dire,
> Et soutint qu'il l'avait vu rire?

Que deviendrions-nous si la plaisanterie s'éteignait ? M. Collombet a lu pour rire les dix ou douze volumes de M. Villemain, et l'on peut rire beaucoup en lisant quelques brochures du XIXe siècle. Je proteste contre le *veto* de M. Collombet; l'auteur de la défense

(1) Pag. 8. 9.

ne s'y soumet pas lui-même, et il fait un rapprochement très malicieux entre les anciens ministres dont parle M. Villemain et M. Villemain devenu ministre. Mais la gaîté du libelliste est promptement effacée par des tons différents. Il faut que M. le Ministre de l'instruction publique ait commis de bien grandes fautes, puisque bientôt, à un pétillant badinage, M. Collombet fait succéder une irritation presque vindicative. Mais, encore une fois, où donc apercevez-vous ici la moindre trace d'irréligion ou d'opposition systématique à l'Eglise? Nous avons beau faire, mais jusqu'ici deux circonstances seulement nous ont frappé, c'est que M. Villemain aime assez à rire des mauvais ministres, et que, sans admettre les sophismes de Rousseau, il admire sincèrement son éloquence éclatante et passionnée. Nous avons connu beaucoup d'honnêtes gens, des prêtres instruits et vertueux, qui partageaient ces deux goûts.

Chose étonnante ! M. Collombet qui ne veut pas que M. Villemain puisse rire des ministres, ne veut pas non plus que ses spirituelles saillies fassent sourire son nombreux auditoire : « Cela était dit d'un certain ton et d'un certain air , puisque le jeune Olympe souriait au grand Jupiter (1). » Il semblerait en vérité, que ni M. Collombet, ni ses amis n'aient jamais assisté aux leçons dont il parle avec tant d'assurance et de légèreté. Trois mille auditeurs entouraient la chaire de M. Villemain, à la Sorbonne, et s'il y avait une foule de jeunes gens dans la vaste salle devenue trop étroite par l'envahissement de la foule, il y avait aussi beaucoup de vieillards qui applaudissaient, comme la jeunesse, au talent, à l'esprit, à la science du professeur. Parmi ces vieillards, sans doute complices de M. Villemain et conspirateurs acharnés contre l'Église, nous avons vu le religieux Lally-Tollendal ; M. de Barante, l'exact et religieux appréciateur du XVIIIe siècle ; M. de Châteaubriand, l'éloquent apologiste des doctrines catholiques. Sans doute, l'auteur du *Génie du christianisme* venait apprendre aux jeunes hommes de l'époque comment on applaudit aux idées antichrétiennes. A coup sûr, s'il y avait là l'image d'un Olympe, il était formé par ces vieillards dont la gravité souriante accordait au

(1) Page 9.

2

professeur de 1828 une estime et des éloges que toutes vos critiques déclamatoires ne feront jamais oublier.

Vainement chercherait-on à nous tromper sur le but que l'on se propose d'atteindre, en exploitant ainsi contre M. Villemain quelques phrases mutilées ou détournées de leur véritable signification . Partout les projets cachés éclatent. Il faut bien le dire, M. Villemain est anti-catholique aux yeux du pamphlétaire, parcequ'il faut attaquer et ruiner l'Université , parce qu'il faut préparer une table rase, et faire tomber ce noble héritage de l'éducation nationale entre les mains d'hommes qui ne sont pas même Français, ou que la loi française a chassés du pays. C'est vers ce point que convergent tous les raisonnements, toutes les citations de M. Collombet. Ainsi M. Villemain avoue-t-il sans peine que Rollin a posé les véritables principes de l'éducation ; que beaucoup d'autres méthodes ont échoué après la sienne, et que son *Traité des Études* est encore le meilleur pour former l'intelligence et le cœur des jeunes hommes ; son adversaire trouvera dans cet aveu, qui ne compromet en aucune façon l'importance de l'enseignement universitaire, une raison pour déclarer son impuissance à faire le bien, et un pronostic de sa ruine prochaine. Quoi! nous dit M. Collombet, vous avouez que, depuis Rollin, vos progrès ont été nuls, et vous existez encore, et vous ne cédez pas le terrain aux Ordres religieux, aux Jésuites, par exemple! Hommes du monde, ambitieux, littérateurs avides de renommée, faites place à une corporation pieuse, lettrée, savante au dernier point, et dont l'ambition n'est pas du tout l'affaire (1). Ainsi va disant, insinuant M. Collombet. Nous pourrions répondre tout d'abord sans rien objecter à l'endroit de MM. les Jésuites, et sans toucher à ce portrait qui n'est pas médiocrement embelli, nous pourrions répondre que l'Université n'est pas entièrement telle que les soins officieux de M. Collombet veulent bien la représenter; que l'Université est en contact avec la société qui l'entoure, dont elle fait partie, dont elle comprend les besoins, et dont l'existence, dont l'avenir sont étroitement liés à son propre avenir et à sa propre existence ; que les tra-

(1) Pag. 9, 10, 11.

vaux de l'Université française ont honoré les
lettres modernes; que l'Europe entière s'enri-
chit des ouvrages produits en grand nombre
par ses historiens, ses philosophes et ses littérateurs; et que les études exigées pour ac-
complir de tels monuments, tournent au profit
de la jeunesse française qui, par là, devient
plus instruite et plus morale, parce qu'elle
sait davantage; que M. Villemain n'a pas entendu blâmer l'ardeur qui entraîne bon nombre d'universitaires vers la gloire des lettres,
le plus noble et le plus utile des services pu-
blics; que M. Villemain n'a pas voulu inter-
dire au savant la carrière des honneurs, en
déclarant que Rollin ne la recherchait pas, ni
blâmer ceux qui s'y livrent, puisque nos plus
grands professeurs sont aussi nos premiers
politiques; mais M. Collombet fait flèche de
tout bois. S'il s'était rappelé la date à laquelle
furent prononcées les paroles incriminées, il
aurait sans doute réfléchi que les plus beaux
perfectionnements dûs à l'Université sont pos-
térieurs aux cours de 1828 et de 1829; qu'ils
se sont introduits dans les écoles publiques,
et répandus au sein des campagnes, depuis
que les amis de M. Collombet ont quitté le

pouvoir ; que depuis cette époque le progrès a été constant, et que chaque jour les sages maximes de Rollin ont reçu des applications plus fécondes. Tant que l'Université impériale, surveillée et contenue par les inquiétudes ombrageuses de l'Administration, a été sacrifiée aux rancunes et aux prétentions des Jésuites, à d'hypocrites étrangers, à des hommes dont le premier devoir est de ne point appartenir à la patrie, ces faux fils de la France ont bien pu affaiblir un instant les efforts du professorat ; mais aussitôt que les forces nationales, rendues à leur libre mouvement, eurent permis à l'Université de restituer à l'éducation publique ses droites et fermes allures, partout elle fit sentir son influence sage et légale ; partout elle rencontra les sympathies des populations, et, dans l'estime des familles, le prix de sa persévérance et de ses utiles enseignements. Les théories de Rollin ne furent point dépassées ; mais on les appliqua mieux ; on les féconda en multipliant les écoles ; beaucoup de réglements furent corrigés ; on fit pour le peuple une loi d'instruction primaire, qui ne fut combattue que par une classe d'hommes incorrigibles ; on assura l'avenir de vingt millions d'habitants négligés par les clients de M. Collombet; on rétablit des Facultés nombreuses qu'ils avaient anéanties; on en créa de nouvelles, et on prépara, mais avec cette lenteur que de pareilles matières imposent, un autre projet que le pouvoir législatif n'a pas encore discuté. Voilà comment l'Université respecte et féconde les principes de ce Rollin, que vous n'avez même pas le droit de nommer; car il était votre ennemi.

Mais suffirait-il à M. Collombet d'avoir établi que l'Université actuelle est inférieure à celle dont Rollin présidait les destinées, et dont il défendait les droits de toute son énergie, contre les influences que nos adversaires cherchent à faire prévaloir? Supposons que nous soyons affaiblis, amoindris, comme le prétend cet inexact libelliste. Qu'en résulterait-il? Comment découvrirait-il dans cette assertion la preuve qu'il poursuit, sans jamais la saisir, la démonstration de cet esprit anti-catholique, vain fantôme inventé comme tant d'autres, pour alarmer les familles, et qui se dissipent à l'instant où la main s'étend pour les étreindre.

Nous admettons pourtant que M. Collombet

n'ait voulu jusqu'ici que préluder au combat ; il a cru porter un grand coup à M. Villemain, sous le rapport religieux, en établissant que le ministre de l'instruction publique s'est permis quelquefois de rire des ministres, ses devanciers ; nous pourrions ajouter qu'il n'a pas toujours épargné ses successeurs. Son adversaire a cru le perdre dans l'opinion des catholiques, en prouvant que Rousseau était une de ses faiblesses et que Rollin était son modèle désespérant ; nous cherchons inutilement ici les traces d'une logique sérieuse ; mais, nous le répétons, M. Collombet n'a voulu sans doute qu'essayer d'abord son habileté pour l'escrime ; il se plaît à caracoler dans l'hippodrome et nous avons tort de nous arrêter au prélude du combat ; voici qui va devenir plus redoutable, et en s'appuyant encore une fois sur les spirituelles démonstrations qu'a rêvées l'auteur du *Monopole universitaire* (1), il aborde enfin les véritables questions morales et religieuses, avec les études de M. Villemain sur Lucrèce et sur Sénèque. M. Collombet nous le déclare avec une naïveté char-

(1) Pag. 12.

mante (1), c'est pour tirer les doctrines de M. Villemain de l'obscurité où elles sont enveloppées qu'il a étudié la collection des œuvres du Grand-Maître. Il faut qu'il soit démontré à la France qu'il est permis de faire dire à un homme ce qu'il n'a pas dit, et qu'il est bon de tromper beaucoup pour assurer la fortune de ceux qui ont trompé toujours. Voyez, en effet, comment M. Collombet procède : M. Villemain avait déclaré que Lucrèce trouvait « des accents sublimes pour attaquer toutes les inspirations du génie, la divinité, la providence, l'immortalité de l'ame....... Il raille ces doctrines si saintement philosophiques et si chères à l'imagination comme à la vertu (2). »

Il faut que M. Collombet soit bien méchant pour prétendre, sur de telles paroles, que M. Villemain ne voit dans l'immortalité de l'ame ou dans le dogme de la providence que des rêves chers à l'imagination ; que M. Villemain est peu soucieux de la question en elle-même (3), comme si une doctrine favorable au dé-

(1) Pag. 12.
(2) *Mél. litt.*, tom. III, pag. 193, 194.
(3) Pag. 13.

veloppement du génie poétique, ne pouvait pas être en même temps une doctrine de vérité, comme si le langage de M. Villemain n'était pas celui du plus pur spiritualisme, comme si le philosophe, ministre de l'Université, n'avait pas proclamé lui-même la verve de Lucrèce *une verve malheureuse* qui l'entraînait dans une lutte désespérée contre des croyances aussi raisonnables que bonnes aux poètes, et qu'aiment à proclamer d'une voix unanime la religion, l'art et la philosophie. Si des idées chères à l'imagination ne pouvaient être en même temps de la plus haute vérité, que deviendrait à ce compte le christianisme que vous croyez défendre? Eh quoi, le même culte ne peut-il produire les démonstrations rigoureuses de Bergier, et les brillantes théories de Châteaubriand sur l'art et sur la littérature? Plus une religion favorisera les élans de l'enthousiasme, plus aussi à votre sens devrons-nous l'accuser de fausseté! Prenez y garde; le christianisme va devenir à vos yeux la plus fausse de toutes les religions.

Cependant M. Collombet va son train; si l'auteur des *Mélanges* affirme que Lucrèce, retrouvant une poésie nouvelle par le mépris de toutes les croyances poétiques, paraît grand de tous les appuis qu'il refuse, son critique implacable le poursuivra sans pitié (1), pour avoir démontré un fait que Byron a pourtant reproduit dans les âges modernes. Lucrèce n'a-t-il pas en effet trouvé dans son génie cette force intime qui peut s'appliquer aux plus mauvaises doctrines, comme elle peut illustrer les meilleures, et dont le chantre de *Lara* savait tendre tous les ressorts, lorsqu'il entonnait ses hymnes au *sombre Dieu du mal?*

Et quand l'histoire rencontre sur sa route ces fières et imposantes figures, doit-elle s'en détourner, parce qu'il eut mieux valu qu'elles fussent modifiées sous quelques rapports ? La sincérité du récit n'est-elle plus la première qualité de l'histoire? n'est-elle pas sa dignité même? Il est vrai que les Jésuites écrivent autrement.

C'est déjà aux yeux de M. Collombet une grave atteinte portée au catholicisme que cette opinion impartiale et judicieuse prononcée par M. Villemain, sur le poème vraiment homérique de Lucrèce; le catholicisme intervient

(1) Pag. 13.

ici, Dieu sait pourquoi? comme le héros de la fable :

> ....On ne s'attendait guère
> A voir Ulysse en cette affaire ;

mais attendez un peu. Il faut que toutes les plaintes soient graduées dans ce singulier acte d'accusation. Chacun des griefs n'est rien en lui-même ; leur réunion portera coup ; ajoutez, dit un géant de Lilliput, un grain à un grain ; et le ministre de l'instruction publique périra écrasé sous une pyramide de sable.

Erreurs sur Lucrèce! erreurs sur Sénèque! s'écrie le petit monde. M. Villemain fait l'apologie du suicide : bel exemple de religion donné par le chef de l'Université! Consolante perspective pour les familles! Malheureuse jeunesse, être tombée en de telles mains! où donc est le beau temps des Jésuites? Tel est l'éternel refrain, et son éternelle conséquence.

Quelle parole du ministre va donc les justifier? *La mort de Sénèque doit absoudre sa vie :* voilà les syllabes criminelles ; voilà l'hérésie ; et M. Collombet, au lieu d'expliquer naturellement les motifs, aime mieux voir une grande contradiction entre les mots qui précèdent et ceux que nous allons rapporter : « Un des traits

distinctifs de la philosophie (de Sénèque) c'est
l'approbation du suicide ; c'est l'enthousiasme aveugle pour ce malheureux courage, ou
plutôt pour cette maladie de l'ame qui s'ac-
croît dans la corruption et l'inquiétude des
vieilles sociétés (1). » M. Collombet a lui-même
rapporté ce passage (2). Hélas! Voltaire, aveu-
glé par la colère, appelait un Gilles de foire,
ce même Shakspeare dont il avait inauguré
en France le génie et la renommée. Après de
si tristes effets de la passion chez un si grand
homme, nous étonnerons-nous que M. Collombet ait sacrifié les éloquentes paroles de
M. Villemain, au lieu d'y chercher les véritables sentiments qui l'animent. Etait-il donc
si difficile de voir que ce n'est pas à l'acte
même du suicide que son admiration s'a-
dresse, mais au calme des derniers instants,
mais anx nobles et grandes paroles qui ter-
minent si tranquillement l'existence du Stoï-
cien : « Faisons cette libation à Jupiter li-
bérateur! s'écrie le philosophe, pendant que
ses veines laissaient échapper son sang avec

(1) *Mél. litt.*, tom. III, pag. 237.
(2) Pag. 15.

la vie ; et il converse avec ceux qui l'entouraient sur les vertus et sur l'avenir des justes.
Malheur! trois fois malheur à celui qui n'aurait pas un cri d'admiration pour l'homme
qui sait ainsi mourir !

Il fallait à tout prix que M. Collombet mon-
trât aux yeux effrayés un Grand-Maître du
corps universitaire applaudissant au suicide ;
il pourra bientôt nous dire que cet exemple
donné par le chef a porté ses fruits, que les
professeurs ont répondu à l'appel ; le ministre prêche, l'adepte exécute. Le principe
est posé par M. Villemain, et l'infortuné Le-
huërou se charge de le traduire en sanglante
réalité(1). Nouveau genre de suicide, s'écrie-t-il,
suicide par ambition de lettré... suicide enfin ! et
vous qui osez tenir un pareil langage, qui vous
croyez tout permis, qui allez remuer la cendre
des hommes que nous avons aimés et respectés,
vous avez cru que nous laisserions sans réponse cette insulte adressée à une ombre,
et que vous en seriez quitte pour dire avec
une feinte douceur (nous ne la qualifierons
pas, mais Molière l'a flétrie), que si vous ci-
tez notre ami, c'est *pour le plaindre!..*

(1) Pag. 22.

Remportez, Monsieur, votre plainte outrageante ; elle diffame une mémoire qui nous est trop chère pour que nous la laissions succomber sous vos flétrissures. Lorsque Lehuérou a succombé sous le poids d'un affreux délire, il avait reçu, en fait d'honneurs littéraires, autant et plus que son ambition pouvait desirer. Seize années d'un grave et religieux enseignement l'avaient initié aux plus savantes recherches de la science historique ; d'éclatants succès à la Faculté des lettres de Rennes avaient été pour lui le résultat de ses longues études, et deux volumes sur les origines de notre histoire nationale avaient réuni les suffrages les plus honorables. L'Institut les a jugés des chefs-d'œuvre. Un esprit exigeant et empressé vers la gloire eût été satisfait, et lui, le plus modeste des hommes, honoré de ses concitoyens, de ses chefs, adoré de ses élèves, joignant à ses cours de collége de fréquentes suppléances à la Faculté des Lettres, aurait été la victime d'une ambitieuse convoitise, serait devenu fou parce qu'il n'avait pas assez, lui qui avait les mains pleines, lui que de nombreux amis entouraient d'un cercle si pressé, lui qui jouissait du présent et qui souriait à l'avenir, avec un calme si doux et si rempli d'indulgence! Non, Monsieur, non, il n'en est pas ainsi : Lehuérou est mort en délire, parce que cette passion du travail, qui devait illustrer sa courte existence et laisser de si beaux monuments, a ravagé et moissonné avant l'heure cette frêle et poétique organisation ; les longues veilles du jeune bénédictin, l'ardeur d'une intelligence qu'aucun obstacle n'effrayait, et qui, lancée à la poursuite d'un problème, ne trouvait le repos que dans la possession assurée d'une conquête nouvelle ajoutée au trésor de la science; voilà les causes dont l'action s'est fait sentir d'une manière si douloureuse pour nous; voilà le poison qui a porté le trouble dans cette raison si élevée, voilà ce qu'a senti la Bretagne toute entière, ce qu'elle a exprimé (1) en versant des pleurs sur une tombe paisible que vous dévastez, parce que

(1) Deux hommes sincèrement attachés aux doctrines catholiques, M. Varin, doyen de la Faculté des Lettres de Rennes, et M. Laferrière, professeur de droit administratif, ont rendu à Lehuérou, le même témoignage, avec le beau talent qui les caractérise : le premier, à la séance d'ouverture des Facultés, en 1843; le second, dans une touchante notice, récemment publiée.

vous tenez à établir que les professeurs de
l'Université forment une assemblée de Wer-
thers, et que le ministre de l'Instruction publique les berce dans les terribles rêves d'Ham-
let, les plonge dans le bain sanglant de Sénèque.

Mais continuons de passer en revue les erreurs prodiguées par M. Collombet. Frappé
des généreuses doctrines de Sénèque, de ce spiritualisme exalté, que professait l'école du Por-
tique, M. Villemain est tenté de placer le Stoï-
cien de Cordoue parmi les sages dont l'enthousiasme moral prépara le monde aux sublimes
leçons de l'Evangile (1). Donc M. Villemain con-
teste au christianisme son origine céleste : donc
l'Evangile n'est, aux yeux du ministre, qu'un
produit de l'intelligence humaine, qu'une œuvre préparée, élaborée par les doctrines philosophiques, qu'une matière de controverse
et de discussion ; qu'une théorie à laquelle
peut succéder une théorie meilleure, système
transitoire comme tous les systèmes, autorité contestable et sans autre titre que celui
de la raison et de l'examen. Nous nous conten-

(1) *Mél. litt.* t. III, pag. 236.

terons de justifier ici M. Villemain, en opposant à l'opinion de M. Collombet celle de saint Augustin qu'il cite lui-même avec raison parmi les grands philosophes (1). Malgré la confiance du pamphlétaire en ses idées et en ses affirmations, il est à croire qu'entre lui et son adversaire, il consentira d'accepter pour juge un Père de l'Église, honoré de ses suffrages. Or, saint Augustin, dans son livre le plus populaire et le plus étudié, nous déclare que, sans doute, la Providence avait préparé les voies au christianisme longtemps avant son apparition ; qu'elle avait réglé les affaires humaines de manière à favoriser sa propagation dans tout l'univers ; que la politique des Romains n'avait pas d'autre but ; que l'unité d'administration et de commandement avait disposé toutes les provinces à se soumettre aux mêmes croyances. Eh! bien, appliquez ce principe, poursuivez-le dans ses suites légitimes, et pour peu que vous soyez conséquent, refuserez-vous de croire que la bonté divine ait placé aux diverses époques du paganisme quelques moralistes à la doctrine éloquente et pure,

(1) Pag. 7.

destinés à corriger les vices d'une religion étroite et matérialiste, capables d'amener peu à peu les hommes à désapprendre les habitudes et les mœurs de l'idolâtrie, et de disposer leur ame à recevoir les idées généreuses, la morale, les nobles inspirations qui devaient changer le monde?

Vous admettez sans peine que la nature extérieure, que la matière inerte et insensible a été heureusement disposée par la Providence pour hâter la diffusion de l'Evangile; que par les ordres de la divinité, le plus grand peuple des temps anciens, religieux exécuteur de plans qu'il ne comprenait pas, a frayé dans toutes les provinces ces voies magnifiques qu'il ne croyait faites que pour ses soldats et pour ses proconsuls, mais par où les apôtres du christianisme devaient, plus vîte que l'aigle des légions, marcher à la conquête morale de l'univers entier; et vous n'admettriez pas que, dans l'ordre intellectuel, cette même conquête, cet envahissement des esprits par les idées chrétiennes ait reçu de Dieu même une longue et savante préparation? Ne proclamerez-vous pas plutôt que Dieu a jeté à dessein les grands hommes dans les cadres de l'histoire pour qu'ils y accomplissent avec une libre volonté les conseils qu'il a médités dans son éternelle sagesse? N'a-t-il pas fixé à chacun son poste comme aux étoiles du ciel pour verser autour de soi cette part de lumière dont l'humanité doit recevoir les rayons, aux heures marquées, durant son pénible voyage à travers un cercle de progressions indéfinies? Platon, Sénèque, Marc-Aurèle ne seraient-ils que des phénomènes isolés et incohérents? Leurs écrits n'auraient-ils aucun rapport, aucune affinité de génération et d'influence avec le livre des Evangiles? Dieu n'a-t-il pas voulu pour l'esprit ce qu'il a voulu pour la matière? Et lorsque le ministre formulait la doctrine que vous combattez, n'était-il pas plus fidèle que vous au système de saint Augustin?

Lorsqu'un jugement sur Sénèque est appuyé par l'opinion de saint Augustin, est-il donc anti-catholique? Prononcez, vous qui tranchez du docteur et de l'évêque, vous qui parlez avec l'assurance d'un concile.

Mais que sont, après tout, les opinions de M. Villemain sur Lucrèce ou Sénèque? Le démêlé va grandir avec les noms propres, et si, en contrôlant les idées littéraires de M. Villemain sur quelques auteurs de l'antiquité, M. Collombet a bien pu trouver le moyen de sonder le fond des cœurs et d'y trouver caché avec soin, dans un des replis les plus ignorés du public, je ne sais quel germe indéfinissable, encore mal formé, capable cependant de révéler déjà aux yeux perçants d'Argus les fruits qu'il renferme, des fruits amers, et tous les poisons de l'hérésie, que sera-ce lorsque M. Villemain, libre et consciencieux appréciateur des faits, abordera les traditions des Juifs, les doctrines du christianisme, et ces Pères de l'Eglise auxquels son érudition et son pur langage ont donné en France une popularité qu'ils n'avaient jamais eue? C'est ici que vont se porter les coups les plus formidables, et que le traducteur de Synésius va épuiser toutes les ressources de sa logique. Par moment, il nous vient un doute pénible, nous voudrions penser que M. Collombet est toujours sincère, et n'avoir jamais à combattre que des erreurs de raisonnement, de fausses inductions; mais il ne nous est pas toujours permis de garder cette croyance. Ainsi, lorsque M. Villemain expose avec la gravité religieuse du narrateur l'ignorance des écrivains du pa-

ganisme sur les cérémonies hébraïques, lorsqu'il fait la peinture de leurs méprises (1),
est-il accordé à la critique d'attribuer à l'historien les erreurs même qu'il énumère (2)?
Est-ce bien de légèreté seulement qu'il fau-
drait accuser alors le faiseur de remontrances?

Mais, hâtons-nous de l'avouer, le système
de M. Collombet est surtout un système d'in-
terprétations, et puisqu'en tout ce débat il
est surtout question de catholicisme, de con-
trôle religieux, nous nous permettrons, bien
que ce rôle nous répugne profondément, d'a-
dresser à M. Collombet, une seule fois, la demande qu'il a si souvent résolue contre M.
Villemain par la négative la plus absolue,
la plus dédaigneuse, et, j'ajouterai, la plus dé-
raisonnable. M. Collombet est-il véritablement
catholique? M. Collombet se récrie aussitôt et
s'étonne que l'agresseur des anti-catholiques
puisse être accusé d'anti-catholicisme. M. Collombet est prêt à marcher au martyre pour établir la vérité de sa foi. Nous le voulons : aussi
bien nous reconnaissons à l'auteur du pam-

(1) *Mél. litt.* t. 3 p, 259.
(2) Pag. 16.

phlet la liberté de se choisir une croyance, comme nous prétendons la garder pour nous-mêmes; mais encore faut-il que les besoins de la polémique et l'entraînement de la vengeance ne nous précipitent pas dans de folles contradictions avec les doctrines même que nous prétendons mettre à l'abri des fureurs universitaires. Ainsi, lorsque M. Villemain (1) établit que les Juifs, au milieu de la corruption de leurs lois primitives, tendaient à un véritable polythéisme, son adversaire élève aussitôt la voix pour prétendre qu'une telle opinion est une attaque directe contre l'institution divine du judaïsme et par conséquent aussi contre la légitimité religieuse du Nouveau-Testament (2). Mais les plus grands hommes d'église n'ont-ils pas reconnu que l'altération de la loi judaïque, la décadence de la morale et de la liturgie doivent être rangées parmi les causes qui rendaient si nécessaire l'intervention du christianisme, et qu'au point de vue purement humain, la société des Juifs périssait comme toutes les autres, lorsqu'un levain

(1) *Mél.* t. 3, p. 266, 267.
(2) Pag. 17, 18.

mystérieux vint se mêler partout et sauver par une immense régénération l'humanité expirante. En combattant ici l'opinion du Grand-Maître, vous ôtez au christianisme une de ses raisons d'existence. Vous renoncez à une partie du principe chrétien et catholique. Je ne vous dirai cependant pas que vous n'appartenez pas au catholicisme ; mais je penserai que vous êtes peu conséquent, que votre logique a parfois des faiblesses.

Cette corruption du judaïsme, proclamée par Bossuet, et que nous pouvons avouer, tout au moins sans compromettre la sûreté des intérêts catholiques, est un fait acquis à l'histoire et qui même ne se discute plus. Le caractère sublime des croyances chrétiennes n'en reçoit aucune atteinte. Aujourd'hui le christianisme est plein de force et de grandeur ; il accomplit au cœur de l'humanité la révolution la plus grave qu'il ait enfantée depuis son origine, et nous triomphons sincèrement de tous les progrès dont il est l'initiateur ; mais, au siècle dernier, il avait reçu plus d'un coup affreux ; il s'était flétri dans un grand nombre de consciences ; une lutte gigantesque s'était engagée entre lui et d'implacables agresseurs, et, dans les siècles qui ont précédé celui de nos pères, que de défaites, que de ruines en Europe entassées autour du génie de la chrétienté? que de blessures par où s'écoulait toute l'énergie de cette puissance qui avait animé tant de royaumes perdus aujourd'hui pour elle? Que sont devenues cette unité et cette hiérarchie où se reposait l'Europe avant Luther? Eh bien ! l'histoire qui retrace toutes ces révolutions fatales au christianisme, et dont il pleure encore aujourd'hui le déchaînement et les ravages, se verra-t-elle inculpée de lèse-religion? Ne pourra-t-elle s'exprimer sur ces défaillances de l'esprit chrétien, sur ces agitations, ce flux et reflux de la pensée humaine, sans être accusée de dépouiller le christianisme de son majestueux et divin caractère? Autant vaudrait défendre entièrement de toucher aux matières religieuses, à la partie la plus morale et la plus dramatique de l'histoire. A quelle immobilité, à quelle torpeur M. Collombet voudrait-il réduire l'annaliste de l'humanité moderne? M. Villemain eût trouvé un juge moins sévère sans doute s'il eût accepté pour authentiques toutes les légendes, les exorcismes, les possessions, dont le tableau confus se mêle à chaque instant aux plus belles pages du christianisme. En vérité, il n'est pas tout-à-fait nécessaire pour être un homme religieux de s'incliner devant toutes les aberrations où l'esprit exalté de quelques mystiques a pu être poussé aux différentes époques de la religion juive, à tous les âges de l'ère chrétienne; notre foi y succomberait. Cette grande et pure lumière du christianisme n'a pas besoin d'être enveloppée de certaines superstitions dont l'entassement l'eût obscurcie si elle avait pu l'être, et dont la critique des Bénédictins l'a tant de fois débarrassée. Lorsque nous n'accorderions aucune valeur aux possédés de la Mishna (1), aucune valeur à des milliers de miracles que des Religieux, pleins de science, ont contestés, serions-nous des Turcs pour cela? En présence de légendes qui n'ont d'autre importance que celle de la poésie, et que la démonstration la plus complète a ruinées aujourd'hui, serions-nous convaincus d'être hostiles à l'Eglise? Il est un reproche que nous méritons plutôt, c'est celui de ne vouloir pas que cette imposante institution,

(1) Pag. 17, 38, 39, 40, 41.

qui a réchauffé dans son sein les débris des peuples civilisés, pour devenir la fondatrice de toute la civilisation moderne, puisse voir sa noble image altérée ou voilée par les fantaisies et les rêves capricieux de l'imagination humaine.

En racontant quelques-unes des bizarreries que l'esprit mystique a enfantées dans les anciens jours (1), M. Villemain, jaloux de conserver à la narration historique ses véritables couleurs, ne perd jamais la gravité qui lui convient; M. Collombet, courroucé d'une incrédulité qui, cette fois, paraît sérieuse à l'endroit de certains exorcismes, tend son arc, fait partir avec beaucoup de bruit, comme le dieu d'Homère, des flèches qu'il croit empoisonnées : hélas! l'arc n'est pas d'argent; il se brise aux mains du dieu-mortel; il n'en reste qu'un peu de poussière. M. Villemain est condamné à demeurer, sa vie durant, un *bel-esprit* (2), un professeur dédaigneux, un philosophe (3)!

Il nous faut ici nous placer au point de vue

(1) *Hist. litt.*, t. III, p. 266, 267. — P. 356.
(2) Pag. 18.
(3) Pag. 18.

de M. Collombet ; car, à notre sens, n'est point *bel-esprit* qui veut l'être, et le titre de philosophe n'est pas précisément le dernier des outrages.

Voilà donc les épithètes que provoquent un simple récit! Et qu'eût donc déclaré M. Collombet, si M. Villemain se fût permis de sourire, si les extravagances de quelques ames arides et creuses eussent excité chez lui une expression fine et narquoise? Encore n'y aurait-il pas eu lieu à d'aussi méchants anathèmes et à un pareil coup de goupillon. Il faut bien souffrir quelquefois un peu de gaîté. Il y a tant de personnes qui sont toujours en colère, à tel point que leur intelligence se trouve aveuglée par là ; et le monde est devenu si triste et si chagrin que l'ennui deviendrait pour l'humanité une épidémie sans remède, si l'on nous faisait une faute capitale d'hésiter un instant à maintenir notre gravité devant plus d'un miracle auxquels ne croyaient ni Mabillon, ni Ruinart, les plus religieux et les plus savants des hommes. Et s'il nous est enfin accordé de nous abandonner sur ce point à quelque hilarité, ne serons-nous pas tenté de ne pas nous imposer de limites plus précises à cet égard, lorsque nous aurons vu que M. Collombet, à propos d'exorcismes très suspects, et qui n'appartiennent ni à la Bible ni à l'Evangile, va nous citer, avec une profusion plus que prodigue, et saint Matthieu, et saint Marc, et saint Luc, avec la Pythonisse d'Endor, ou le Dieu d'Abraham, d'Isaac et de Jacob (1)!

Je voudrais pouvoir suivre M. Collombet dans toutes ses digressions, mais elles dégénèrent quelquefois en divagations tellement étranges que l'unité se trouve complètement rompue, le fil conducteur échappe, et nous ne parvenons à le ressaisir qu'avec beaucoup de peine, à travers un torrent de saintes invectives; nous sommes obligé d'errer à l'aventure, comme le peintre égaré dans les catacombes, et dont un malin esprit vient d'éteindre le flambeau.

A une lueur fort incertaine, et Dieu sait par quel chemin ils sont arrivés devant le tribunal de M. Collombet, nous apercevons maintenant les ordres monachiques. Pauvres moines, vous serez à votre tour arrachés au

(1) Pag. 18, 19.

sommeil dont les ailes pesantes vous couvraient depuis longues années, et parce que M. Villemain, l'héritier, le petit-fils, le pur sang de Boileau, a commis une parole contre votre *pieuse paresse*(1), voilà que votre imprudent ami va ranimer une vieille querelle dont vous n'aviez que faire; il veut absolument la guerre; il ne rêve que discorde et tapage; et vous, dormeurs pacifiques, il va vous troubler dans votre poussière, aux éclats de sa trompette(2).

Ah! cette fois, c'est contre M. Collombet que vous serez irrités; vengez-vous de lui en l'enveloppant de vos sombres capuchons. Il accuse M. Villemain, et savez-vous où il va puiser la phrase, objet de sa querelleuse humeur? Justement au tome III des *Mélanges littéraires,* page 469; et savez-vous ce que nous lisons à la susdite page? C'est un fragment de saint Augustin que M. Collombet ne cite pas, il s'en gardera bien; mais que M. Villemain a traduit, exprès pour que nous puissions le citer: nous transcrivons ce morceau avec d'autant plus de

(1) *Hist. litt.*, t. III, p. 468.
(2) Pag. 19, 29.

plaisir que nos lecteurs bénévoles pourront y puiser la certitude que saint Augustin ne croyait pas à toutes les reliques, ni sans doute à tous les exorcismes possibles : oyez, moines, oyez tous : l'évêque d'Hippone représente en ce tableau vos confrères du IVe siècle : « Ils vont avec un froc, de province en province, ne s'arrêtant nulle part, et changeant à tout moment de demeure. Les uns portent des reliques saintes, ou prétendues telles, et les font valoir. D'autres se targuent seulement de leur habit et de leur pieuse profession ; d'autres ne se faisant faute de mentir, racontent qu'ils vont au loin visiter leurs parents. Tous demandent, tous exigent qu'on leur donne, ou pour subvenir aux besoins d'une pauvreté qui les rend si riches, ou pour récompenser une vertu qui n'est qu'hypocrisie. » A voir le zèle et l'éloquence emportée avec laquelle plus d'un évêque de nos jours s'élèvent contre l'Université , en faveur de quelques moines voyageurs et mondains, que devons-nous penser, si ce n'est qu'ils oublient, avec les préceptes de la charité et de la justice donnés par leur divin maître, les saines appréciations qu'un évêque, leur modèle et leur docteur sublime, faisait d'une congrégation semblable à celle dont ils protègent les excès et dont ils acceptent le patronage.

Mais poursuivons notre propos. Voilà donc ce qu'écrivait saint Augustin. Il aurait pu dire encore que les moines joignaient quelquefois à leur paresse le défaut d'être gourmands.

Les preuves abondent de toutes parts. Nous nous contenterons de citer deux exemples, bien incontestables à coup sûr, car ils sont puisés dans les écrits de Fortunat, qui fut chapelain et aumônier de monastère, et même évêque de Poitiers : si l'on doit attendre de la gravité quelque part, n'est-ce pas dans les œuvres d'un homme aussi respectable par sa haute position ? Or, si de nos jours nous avons pu nous étonner de rencontrer chez des évêques les erreurs d'un esprit prévenu et des fautes de logique, nous pouvons, au VIe siècle, être surpris encore de lire les passages qui suivent :

« Au milieu de mes jeûnes, écrivait à sainte Radegonde le poète catholique, tu m'envoies des mets variés, et tu mets par leur vue mes esprits au supplice. Mes yeux contemplent ce dont le médecin me défend d'user, et ma main interdit ce que désire ma bouche. Cependant lorsque ta bonté nous gratifie de ce lait, tes dons surpassent ceux des rois. Réjouis-toi donc en bonne sœur, je t'en prie, avec notre pieuse mère, car j'ai en ce moment le doux plaisir d'être à table. »

Et, ailleurs, en sortant d'un repas : « Entouré de friandises variées et de toutes sortes de ragoûts, tantôt je dormais, tantôt je mangeais ; j'ouvrais la bouche, puis je fermais les yeux, et je mangeais de nouveau de tout ; mes esprits étaient confus, croyez-le, très chers, et je n'aurais pu facilement ni parler avec liberté, ni écrire des vers. Une muse ivre a la main incertaine ; le vin me produit le même effet qu'aux autres buveurs, et il me semblait voir la table nager dans du vin pur. Cependant, aussi bien que j'ai pu, j'ai tracé en doux langage ce petit chant pour ma mère et ma sœur ; et quoique le sommeil me presse vivement, l'affection que je leur porte a inspiré ce que la main n'était guère en état d'écrire (1). »

(1) *Fortunat. Carmin.*, XI, n° 19 ; *Bibl. Patr.*, t. X, p. 596. — *Ibid.*, n° 24, *ibid.* — Cf. M. Guizot. *Hist. de la Civil. en Fr.*, t. II, p. 80.

Ainsi *pieuse paresse* et gourmandise ne manquent à l'évêque Fortunat. Quels devaient être le sommeil et les festins du peuple monacal? M. Collombet contestera-t-il la vérité d'une pareille déposition? Fortunat s'accuse lui-même, sans le vouloir et sans le soupçonner. L'historien qui constate le fait aura-t-il à subir une réprimande? Ne pourra-t-on désormais, sans s'exposer aux murmures des sacristies, avouer qu'il y a eu des évêques fort gourmands, et des moines très paresseux? Et le publiciste qui s'est inspiré du langage énergique de saint Augustin, lorsqu'il flétrissait les rodeurs mal famés du christianisme, n'a-t-il pas, avec une haute impartialité, rendu à d'autres moines, utiles et dévoués à leur patrie, la justice qu'ils méritaient (1)? Qui a peint avec plus d'éloquence que M. Villemain « cette vie tempérante qui doit ajouter aux forces de l'ame tout ce qu'elle retranche aux passions et aux faiblesses de la nature. ».... « La solitude est mère des grandes pensées; et dans des temps vils et dégradés, comme les derniers siècles de l'empire, elle inspire quelquefois à

(1) *Mel. litt.*, t. 1, p. 427 ; t. III, p. 338, 361.

l'homme une force que la société n'a plus (1). »
Les âpres solitudes où ils puisaient l'intelligence des choses éternelles, étaient quelquefois abandonnées dans les détresses publiques par les ermites voisins d'Antioche ; ils se jetaient alors au sein de cette opulente cité, assiégeaient les prisons et le prétoire, cherchaient à désarmer les commissaires de Théodose irrité, et montraient aux yeux surpris, comme le dit excellemment M. Villemain, *les tribuns du christianisme* (2). L'homme qui sait ainsi admirer le dévoûment héroïque des anachorètes, blâme-t-il autre chose que l'abus et les dangers de la solitude, lorsqu'il fait entendre une voix sévère sur quelques scandales intérieurs ou sur de mauvaises constitutions (3)? Vainement feriez-vous à vos lecteurs le tableau de ces phalanstères égyptiens de Tabenne et du Colzim (4), où se réunissaient des hommes savants et laborieux.

L'opinion de M. Villemain ne saurait en être ébranlée ; le diocèse de Denderah for-

____

(1) *Mél. litt.*, t. III, pag. 356.
(2) *Ibid.*, pag. 361, 362.
(3) Tom. III, pag. 356.
(4) Pag. 24.

mait dans le monde oriental une magnifique exception. Le caractère particulier de l'Orient est la tendance à la vie contemplative ; l'Occident est le monde de l'action, de la pratique utile et fécondante. Il y a eu des contemplateurs en Occident, et des moines laborieux en Egypte ; mais ces accidents de détail n'altèrent point la règle générale qui a dominé les développements du monachisme dans ces deux parties du monde. Ici la prière, l'exaltation, le rêve éternel ; et là, l'exercice, le défrichement des forêts, la culture des champs, l'application productive des forces humaines à l'utilité de nos semblables. Le type du moine oriental est cet homme unique qui passa toute son existence au sommet d'une colonne ; celui du moine occidental ou européen est le trappiste, ou le moine du Saint-Bernard. M. Collombet repousse cette distinction qui n'a rien d'agressif (1), et qui a permis à M. Villemain de dire que les moines d'Egypte étaient les *Fakirs de la loi chrétienne* (2). Faut-il rechercher dans ce langage autre chose que l'expres-

(1) Pag. 20.
(2) *Mél. litt.*, t. III, pag. 335.

sion d'une analogie bien observée? Devons-nous supposer malicieusement, dans ce style figuré et significatif, la dépréciation des solitaires célèbres qui ont répandu sur les premiers âges du christianisme l'éclat de leurs vertus? M. Villemain n'a-t-il pas loué vingt fois ces méditations sérieuses de la solitude, et ces existences si calmes, si austères et si douces, autour desquelles s'achevaient sans les atteindre, les bacchanales et les funérailles des Romains?

M. Collombet a voulu prendre sous son égide des moines que M. Villemain n'attaquait pas, mais dont il jugeait les faiblesses ou retraçait la grandeur avec l'indépendance d'une critique judicieuse et savante. Soumis comme eux à d'impartiales appréciations, comme eux admirés dans l'accomplissement de leurs nobles devoirs, comme eux blamés lorsqu'ils s'affranchirent des règles et des convenances, les évêques ont trouvé place à l'abri du même bouclier ; toutes les fautes, tous les excès du sacerdoce peuvent chercher un refuge dans cet avocat au dévoûment robuste. Nous allons en fournir la preuve. St-Hilaire, de Poitiers, adressait un jour au fils de Constantin, cet injurieux langage : « Je te déclare, ô Constance, ce que j'aurais dit à Néron, ce que Décius et Maximin auraient entendu de ma bouche. » (1) Que veut dire cela? que l'évêque chrétien ne tremblerait pas devant le tyran le plus cruel? mais cette formule n'est-elle pas comminatoire? ne renferme-t-elle pas un odieux rapprochement? N'est-ce pas là s'emporter et blesser? Et lorsque M. Villemain (2) accuse alors l'épiscopat de licence coupable, s'éloigne-t-il de la justice et de la vérité? Faut-il donc toujours excuser les évêques? Jamais n'ont-ils eu ni faiblesse ni colère? Ou bien se croit-on dans la nécessité d'absoudre contre toute évidence les duretés de l'ancien épisco-pat, les menaces qu'il adressait au pouvoir, afin d'arriver à la justification d'excès pareils, si la prélature contemporaine, oubliant le res-pect dû à l'autorité publique et aux lois établies, s'abandonnait à d'arrogantes prétentions? Veut-on sauver l'évêque du IVe siècle pour qu'un jour celui du XIXe siècle puisse invoquer les fortes traditions d'Hilaire, s'ériger contre les pactes les plus vénérés et briser avec sa

____

(1) C. F. Collomb. pag. 32.
(2) *Mél. litt.* t. III, pag. 409.

crosse le tribunal du juge civil? Si telle est votre pensée, nous comprenons toute cette colère contre l'écrivain, assez libre pour se plaindre de *la licence* où s'emportaient quelques pasteurs de l'église primitive; et nous laisserons à lui-même le sophiste capable de faire l'apologie de la violence dans l'intérêt d'un parti.

En relisant les pages pleines de modération dans lesquelles M. Villemain a représenté les luttes du christianisme dans les premiers siècles de son existence, ce n'est pas un esprit d'hostilité mesquine et de dénigrement *philosophique* qui nous a frappé dans ses récits; tout au contraire, nous y avons rencontré partout les traces d'une sympathie profonde pour les évêques, pour ces vaillantes ames, dont la mission fut si touchante et si noblement accomplie, parmi les désastres qui frappaient le monde. M. Villemain prononce toujours avec attendrissement et respect le nom des Chrysostôme et des Augustin, des Grégoire et des Jérôme, ces hommes divins, les plus belles lumières de l'Eglise, lorsqu'il les contemple livrés à leurs travaux apostoliques, et travaillant à faire pénétrer les principes chrétiens dans la société vieillie ou barbare, au milieu de laquelle leur génie et leur éloquence jetaient un vaste rayonnement. Jamais la force morale des évêques, leurs vertus, leur grandeur intellectuelle, n'avaient rencontré un plus digne organe ni un meilleur interprète. Si l'auteur des *Mélanges* avoue que, dans un siècle où la littérature et le goût étaient singulièrement corrompus, le christianisme, malgré la beauté de ses dogmes et de sa morale, a été quelquefois embarrassé par de *subtiles et d'épineuses controverses* et par une métaphysique un peu nébuleuse (1), il consigne avec son exactitude habituelle un des caractères qui distinguent cette époque pleine d'orages; l'esprit humain replacé tout-à-coup devant le problême de l'infini, au milieu d'une décadence précipitée, n'a pas toujours gardé une allure assez ferme ; est-il étonnant qu'à une époque de décomposition et de mort, il ait chancelé quelquefois, et que les formes de la raison n'aient pas toujours été assez vives et assez populaires pour qu'il soit permis d'élever ces glorieux génies au niveau des orateurs antiques? S'ils

____

(1) *Mélang.* t. III, pag. 296.—C. F. M. Coll., p. 35, 36.

ont remué le monde et entraîné les peuples, ils le durent moins sans doute à la pureté d'une éloquence irréprochable, qu'à la beauté de leurs dogmes, à leur conviction forte et ardente. Le feu sacré ranima, sous leur souffle rénovateur, des âmes fatiguées par le doute, et embrâsa les populations vigoureuses que la Germanie vomissait sur l'Empire. Ce n'est pas avec de simples discussions que s'accomplit cette immense nouveauté. Il ne fallut rien moins que l'enthousiasme retrouvé après de longs siècles, et renaissant ennobli par la pureté des mœurs, la grandeur des pensées et la violence des persécutions.

M. Collombet reproche au Ministre de l'Instruction publique de rappeler sans cesse à l'esprit du lecteur l'influence que cette indomptable vivacité de l'enthousiasme exerça sur la propagation du christianisme (1). Ici encore, M. Villemain s'est montré observateur scrupuleux des mobiles qui dirigent les actions humaines. Si la foi chrétienne n'eut été qu'un stoïcisme régénéré, une doctrine de sagesse, d'impassibilité rigide, l'univers et les siècles n'auraient ja-

____

(1) Pag. 43, 47.

mais été sa conquête; mais il régna dans toutes ses maximes une inspiration brûlante, et
elle vainquit le monde. Ah! ne retranchez pas
de l'histoire du christianisme cette puissance
qui a produit les martyrs, les croisades, le dé-
vouement, l'héroïsme désintéressé, toutes les
choses grandes et belles dont l'humanité s'ho-
nore, et dont la raison même et l'éternelle vérité appellent à leurs secours les forces vives,
quand elles veulent envahir les consciences.
L'enthousiasme serait-il donc à vos yeux une
stérile et fugitive émotion, une fumée que le
premier vent disperse dans les airs, un ro-
seau fragile que sa fureur arrache et emporte?
Ou prétendez-vous que M. Villemain n'a vu
dans l'enthousiasme qu'une passion aveugle,
une impulsion capricieuse et ignorante? Nous
avons beau faire pour découvrir dans ses
écrits cette pauvre malice. Votre imagination
en a fait tous les honneurs; et j'ai pour vous
convaincre votre propre langage : « Assurément, dites-vous, nous sommes loin de prétendre que dans tous ces passages l'enthousiasme
porte avec lui, ou reçoive de la pensée de l'é-
crivain un sens blâmable (1). » Pourquoi donc

(1) Pag. 47.

les rapprochez-vous avec une intention accusatrice? Pourquoi calomnier un auteur en lui attribuant une pensée qu'il n'a jamais exprimée? Pourquoi déclarer qu'il fait naître le christianisme d'un entraînement aveugle et passionné? M. Villemain n'a-t-il pas fait ressortir avec une précision que ses critiques devraient imiter, tout ce que la fondation de l'église a exigé de moralité austère, de conception réfléchie et de persévérance? Quel rêve est donc le vôtre, et quelle chimère poursuivez-vous? Est-ce bien à vous qu'il appartient encore de nommer *sophiste* un auteur dont toutes les pages se soulèvent contre vos fausses incriminations?

Vainement, prétendez-vous que la véritable pensée de M. Villemain s'enveloppe de ténèbres hypocrites, mais que pourtant elle se révèle plus d'une fois par les détails de son récit. Nous pourrions répondre tout d'abord que la méthode d'éclaircissement que vous employez est un procédé inquisitorial digne tout au plus de votre bigote et sombre clientèle. Mais par quelles preuves enfin appuyez-vous cette méthode? Quelles circonstances délatrices vont tout-à-coup révéler les croyances occultes de

M. Villemain en dépit de ses affirmations les plus positives? Comment croire, dites-vous, au respect de M. Villemain pour le christianisme lorsqu'il ose écrire que les doctrines chrétiennes ont contribué à la ruine de Rome? N'est-il pas démontré que l'Evangile recommandait d'être soumis aux princes de la terre (1)? Et lorsque M. Villemain nous annonce que, « parlant au nom de l'humanité, de la justice, de l'égalité primitive entre les hommes, il devait avoir bientôt pour lui tout ce qui était esclave ou sujet, c'est-à-dire l'univers (2), » ne déclare-t-il pas en même temps que les principes chrétiens étaient une provocation à la haine, un appel adressé aux peuples vaincus, une révolte permanente contre le joug romain ? Voilà l'objection ; voici notre réponse : Rome a dû sa destruction aux vices de son origine. Trois causes l'ont anéantie. C'était un empire basé sur de faux principes ; il admettait l'esclavage ; et l'esclavage ruine ceux qui donne les fers comme celui qui les porte. Il admettait la force, la

(1) Pag. 51.
(2) *Mél. litt.* t. III, pag. 270.—C. F., pag. 274, 285, 303.

guerre, comme arbitres souverains des choses humaines. Or, les armes élèvent; mais les armes détruisent; Rome a vaincu le monde, et les Barbares ont vaincu Rome. Enfin l'empire admettait au rang des dieux les maîtres qu'il se donnait, et l'apothéose des princes était devenu une des bases de l'état. Le christianisme ébranla cette base, et l'empire fut renversé. M. Collombet cite quelquefois, sans droit ni raison, le témoignage de Bossuet (1). Nous invoquerons la même autorité pour le combattre : « Rome, dit-il, croyait devoir ses victoires à sa religion ; elle regardait comme ennemis de son empire ceux qui ne voulaient pas adorer ses dieux, ses Césars et elle-même. La politique s'y mêlait. Rome se persuadait que les peuples subiraient plus volontiers le joug qu'une ville chérie des dieux leur imposait : et combattre sa religion, c'était attaquer un des fondements de la domination romaine (2). »

Le sentiment d'un si grave historien, d'un évêque de France, a été accueilli et développé

____

(1) Pag. 71, 72.

(2) *C. Boss.*, œuvr. compl., édit. de Besançon, 1840, t. II, pag. 49, 50.

par l'auteur des *Institutions Mérovingiennes* (1)
que M. Collombet a traité d'une manière si abo-
minable ; notre infortuné Lehuérou opposera
du moins, tout mort qu'il est, l'éclat de son intelligence et de ses nobles travaux à celui qui
a eu le triste courage d'injurier sa mémoire :
« Pendant trois siècles, dit-il, elle (*la nouvelle
cité, la cité divine*) continua de s'agrandir, non
par des séditions et des révoltes, mais par voie
de *sécession* pour ainsi dire, et en s'éloignant
chaque jour un peu plus de la société vieillie
et corrompue dont elle se préparait à prendre la place (2). En effet (et c'est ici l'un des
faits les plus extraordinaires de l'histoire), le
christianisme a préparé et commencé la dis-
solution de l'empire romain, en se séparant
de lui et en incorporant à sa substance toutes
les forces vives de la société, et laissa dépé-

(1) Pag. 239.

(2) *S. Paul au Corinth.*, épict. II, VI :

14. Nolite jugum ducere cum infidelibus. Quæ enim partici-
patio justitiæ cum iniquitate? Aut quæ societas lucis ad tene-
bras?

15. Quæ autem conventio Christi ad Belial ? Aut quæ pars fi-
deli cum infideli ?

16. Qui autem consensus templo dei cum idolis?

rir ainsi le colosse impérial dans l'isolement et l'abandon. Il commença par méconnaître les dieux de l'empire, et le premier de tous, l'empereur, en distinguant le magistrat qui commande l'obéissance, de l'homme qui prétend commander l'adoration. C'était le commentaire et la suite naturelle de ces paroles du maître : « *Rendez à César ce qui est à César, et à Dieu ce qui est à Dieu.* » César a donc cessé d'être un dieu. La construction romaine est déjà sapée par sa base. (1) « Oui, les deux cités sont distinctes par leur principe. C'est sur ce point que les hostilités éclatent, et, suivant cette loi éternelle que l'histoire signale à toutes les révolutions, le principe le plus vivace a dévoré l'autre. Voilà ce que veut dire le premier critique de notre époque ; voilà ce que proclame le plus grand évêque du XVIIe siècle, qui fut si fécond en évêques éloquents et fidèles aux institutions de leur pays.

Le besoin de la polémique, peut-être celui de la médisance, a porté M. Collombet à chercher encore, ailleurs que dans les études de M. Villemain sur les Pères de l'Eglise, quel-

______

(1) *Hist. des Instit. méroving.*, liv. I, ch. xii, pag. 240, 241.

ques phrases isolées dont l'interprétation forcée ou illogique pût le convaincre d'anti-catholicisme. L'éloge de Montesquieu et celui de Pascal vont défrayer cette escarmouche. Il faut qu'il soit démontré à tous que le Grand-Maître de l'Université a eu tort de célébrer, il y a vingt ou trente ans, Montesquieu, Blaise Pascal, comme les défenseurs du christianisme.

Montesquieu, dit M. Collombet, parle bien légèrement du christianisme, et M. Villemain devait faire ses réserves (1). « Montesquieu, ajoute-t-il, n'envisage la religion que comme une chose purement humaine, ne la prend qu'au point de vue de l'utilité temporelle (2).»

Nous aimons cette indépendance de la pensée qui ne reconnaît aucune force dans les noms propres lorsque la vérité les condamne ; mais lorsque la critique est elle-même dans l'erreur, ne peut-elle pas être accusée quelquefois de chercher à faire un peu de bruit autour d'elle? Ne mérite-t-elle pas ces expressions que nous n'avons pas inventées, qui sont du fait de M. Collombet, expressions qu'il a si mal

(1) Pag. 69.
(2) Pag. 70.

appliquées, et dont nous ne saurions nous pardonner le ridicule : n'est-elle pas alors *un acte public de diffamation et d'injustice criante* (1)?

Montesquieu n'a pas voulu faire un livre de religion, mais d'histoire politique et de législation générale ; son premier but, son premier devoir, était de signaler les rapports de la religion et du gouvernement. Point de vue tout humain, tout pratique ; l'écrivain répondait aux exigences de sa matière ; il ne se donne pas le droit que tant d'autres s'arrogent de s'éloigner de ses grandes lignes, de s'aventurer et de semer à pleines mains à travers le champ d'autrui. Il ne veut point perdre sa récolte ; mais quelquefois pourtant Montesquieu s'élève au-dessus de son sujet véritable, ou plutôt il l'achève, et, alors cherchant au ciel le lien qui unit les choses humaines, il fait entendre sur les doctrines du christianisme un langage que ses défenseurs officiels ont oublié ou que plutôt ils ambitionneraient en vain d'atteindre. N'est-ce pas Montesquieu qui s'écrie que la religion chrétienne laisse der-

(1) Pag. 43.

rière elle la justice humaine et commence une autre justice; qu'elle est faite pour mener sans cesse du repentir à l'amour et de l'amour au repentir; qu'elle met entre le juge et le criminel un grand Médiateur; entre le juste et le Médiateur un grand Juge (1)? Bossuet, le grand, le sublime Bossuet, a-t-il rien dans ses plus beaux livres théologiques qui surpasse la sublimité de ce langage! et M. Villemain devait faire ses réserves! Il devait les faire, et il les a faites, à l'endroit des *Lettres persanes?* mais vous attaquez le jugement qu'il a porté sur l'*Esprit des Lois;* c'est l'*Esprit des Lois* qui, à votre sens, est anti-catholique! Dieu veuille que le catholicisme ne rencontre pas de plus funeste adversaire dans les rangs même de ses apologistes, assez insensés pour répudier une telle gloire! L'éloge de Pascal devait être l'objet d'une attaque plus violente encore. Pascal a combattu les Jésuites.

M. Villemain a fait ressortir avec éloquence toutes les agitations qui ont troublé l'ame de cet immortel penseur. Le doute amer de Pascal est un fait acquis à l'histoire. Sa doulou-

______

(1) *Espr. des Lois*, liv XXIV, ch. XIII.

reuse existence a été consacrée toute entière à la recherche de la vérité ; les ombres qui l'entourent et la cachent en partie aux yeux des hommes, l'affligeaient profondément. Moins heureux que ces esprits naïfs dont jamais une hésitation n'altère la placide sécurité, Pascal mettait tous les efforts de sa raison à écarter ces voiles importuns et fatiguait ses yeux à percer ces ténèbres. Lorsqu'elles redoublaient autour de lui, confondu par son impuissance, il était déchiré, et se prenait à douter. Voilà ce que M. Collombet ne veut pas admettre, comme s'il était possible d'effacer les traces du septicisme, toutes vives et partout empreintes dans les écrits de ce croyant désespéré. « De là cette prévoyance qui lui montre tant d'objections peu familières à son siècle, et lui inspire la pensée de fortifier, de défendre ce que personne n'attaquait encore (1). » Peut-on confondre ces inquiétudes chagrines de Pascal, ce doute sérieux qui dominait alors en France, avec le persifflage moqueur du XVIIIᵉ siècle, avec cette incrédulité hostile et libertine dont l'Ecole encyclopédique se fit la propagatrice?

(1) *Mél. litt.*, tom. I. Eloge de Pascal.

M. Villemain et M. Cousin ne sont pas en contradiction sur ce point, comme l'insinue M. Collombet (1). Ils ont tous deux le mérite d'avoir distingué le caractère propre de chaque époque ; dans quel intérêt M. Collombet veut-il donc nous laisser croire qu'ils ont attribué aux esprits du XVIe et du XVIIe siècles les égarements du XVIIIe? N'oublions pas de dire que M. Collombet désigne nos deux illustrations universitaires sous le nom de *Mandarins*. Nous avons eu beau faire ; nous n'avons pu trouver d'un peu chinois en tout ceci que l'appellation même ou tous ces raisonnements qui l'accompagnent et qui méritent d'être affichées et applaudies dans les pagodes.

Nos Mandarins sont coupables d'un forfait plus grand encore ; savez-vous pourquoi Pascal est *si fort choyé* de M. Villemain et de son ami M. Cousin (2)? si vous l'ignorez, M. Collombet vous l'apprendra. Outre qu'ils s'en vont quêtant partout, ainsi que moines mendiants, des apologistes pour le scepticisme qui les domine, ils

(1) Pag. 64.
(2) Pag. 41.

recrutent pour la cause de l'Université tous les écrivains dont l'action a ébranlé la puissance des Jésuites. Or, Pascal que M. Collombet défendait tout-à-l'heure contre ceux qui racontaient avec l'histoire, ses amertumes et ses angoisses, a livré à cette société fameuse, des batailles dont la postérité ne perdra jamais le souvenir ; cette fois, M. Collombet l'abandonne. Il veut que l'on déplore chez ce grand homme *l'inconséquence de son esprit...* » Pascal mit au service des mensonges de Port-Royal et des ressentiments d'Arnauld un esprit et une langue admirables... » (1) Ainsi Pascal n'a commis qu'une seule faute en sa vie ; pourquoi faut-il qu'il ait attaqué les Jésuites ? Pourquoi faut-il que M. Villemain l'ait justifié de ce crime odieux ? il eut peut-être évité les flèches du pamphlétaire... *Verum nil tanti est...* Quels sont donc les raisons qui ont porté M. Villemain à justifier, avec Pascal, ses vertueux amis ? Laissons-le parler lui-même : « Dans cette lutte éternelle, les solitaires de Port-Royal, en paraissant ne disputer que sur des subtilités scholastiques, représentaient

____

(1) Pag. 67.

la liberté de conscience, l'esprit d'examen, l'amour de la justice et de la vérité. Leurs adversaires plaidaient la cause opposée, celle de la domination aveugle sur les esprits et sur les ames. Pascal fut indigné du joug que de telles doctrines imposaient à la raison. La hauteur de son génie refusa de plier sous cette insolente usurpation des plus nobles facultés de l'homme, vainement refugié dans le sanctuaire de la conscience et de la foi (1). »

En vérité, M. Collombet se moque de ses lecteurs, lorsqu'il pense confondre M. Villemain en disant que Pascal avait lui-même déclaré se soumettre à la foi catholique (2). Que vient faire ici la foi catholique? Il s'agit des Jésuites et de leurs adversaires. Renoncez à cette prétention, tant de fois manifestée, de confondre St-Pierre et Loyola. Rome tolère les Jésuites, mais elle les a souvent condamnés, et nous n'avons pas oublié la bulle de 1773. Clément XIV a déclaré l'existence de la société des Jésuites incompatible avec la paix de l'Eglise; et vous voulez que nous con-

(1) *Mél. litt.*, tom. I, pag. 354, 355.
(2) Pag. 71.

fondions l'Eglise avec ce qu'elle a blâmé et détruit! Nous comprenons vos motifs. Vous voulez couvrir nos adversaires, ceux de Port-Royal, ceux de Pascal et de Rollin, vous voulez les couvrir d'une inviolabilité sacro-sainte. Il vous importe que ce reproche d'anti-catholicisme et d'hérésie triomphe par le monde, et que les agresseurs des Jésuites semblent porter leurs coups à la papauté même. Toutes les têtes qui ne s'inclineront pas devant le livre de vos constitutions seront bonnes à abattre. La cognée sera placée à toutes les racines ; Port-Royal, l'Université, le Collége de France, seront flétris et frappés, parce qu'ils vous auront fait la guerre, parce qu'ils auront proclamé les principes sacrés et indestructibles de la tolérance et du libre examen (1). Mais, Dieu merci ! cette détestable confusion ne prévaudra pas dans les esprits ; Pascal, fidèle et humble chrétien, s'est incliné devant le Vicaire du Christ, et a sifflé les Jésuites, comme la population catholique de Venise vous a chassés de ses lagunes (2), en vous

(1) Pag. 391, 99, 100.
(2) En 1606.

criant pour adieu : *Ande in malora*. Allez! malheur à vous! et Venise et Pascal, et tant d'autres États, et tant d'autres écrivains savaient pourquoi, sans combattre l'Eglise, ils pouvaient s'armer contre vous. Oui, l'esprit de *domination aveugle*, voilà votre culte et votre foi. Vous voulez que l'homme soit immobilisé, emmailloté, et devienne un cadavre, ou comme un bâton dans la main d'un vieillard! C'est le langage de vos docteurs; ce langage est l'emblême expressif de votre Ecole; et vous venez nous demander encore si nous regardons votre doctrine comme une stupide abdication du bon sens (1)!

Voilà donc le nœud de la question! Pascal et son panégyriste ne sont des criminels que par la nature même de la cause qu'ils ont soutenue! et c'est à la vivacité même des attaques dirigées contre les Jésuites que l'on reconnaît les ennemis du St-Siége et du christianisme (2)! Il ne manquerait plus aux Jésuites, quand ils auront prouvé au monde qu'ils ne font qu'un seul corps et qu'une seule ame avec la papauté,

(1) Pag. 72.
(2) Pag. 82.

qu'à démontrer qu'ils valent beaucoup mieux, et peut-être un jour, tant les choses vont lestement, ils substitueront à cette vieille tiare que tous les peuples de l'Europe ont saluée tour-à-tour, comme le symbole de leurs libertés et de leurs croyances, cette autre couronne dont Marguerite d'Anjou orna, par dérision, la tête mutilée de Richard d'Yorck... Un diadême de papier!

Nous serions heureux d'avoir eu toujours affaire à la logique de M. Collombet; malheureusement pour nous, l'homme implacable ne s'est pas contenté de nous emprisonner dans ses fortes mailles : il a joint au raisonnement la moquerie; et ici nous renonçons à la lutte. M. Collombet a finement raillé M. Villemain des fautes d'impression qui ont échappé à son prote. Il fait remarquer avec beaucoup de justesse (1), que le nom du *P. Laynez*, un des fondateurs de la congrégation, ne doit pas s'écrire *Lainé;* ni *Fiesole* dégénérer en *Fesolles* (2); il demande que *Bysance* soit rendue à sa véritable orthographe (3), et conformément à son

(1) Pag. 93.
(2) Pag. 101.
(3) Pag. 60.

étymologie, revienne désormais au *z* qu'il avait perdu. M. Villemain ordonnera sans doute le renvoi de la pétition à l'imprimeur. Voici encore des réflexions contre lesquelles, à coup sûr, M. Villemain aura peine à se défendre. M. Collombet est quelquefois d'un rire immodéré ; il appelle M. le ministre *Vilismanus* (1), et, en homme de bon goût, il est le premier à se moquer du jeu de mots : car il sait les préceptes de la politesse et de l'urbanité; cependant les jeux de mots lui plaisent, et, pour ne pas prodiguer les siens, il rappelle ceux du *Nain-Jaune*, petit journal, plus divertissant que ne le sont aujourd'hui beaucoup de longues brochures, et qui désignait M. de Fontanes, par une malice toute écolière, sous le nom de *Faciunt-Asinos*. Nous savons une institution à qui l'épigramme pourrait convenir; mais cellelà n'a pas de Grand-Maître ; et cette espèce de généalogie ressemble trop à l'insulte pour que nous puissions, en la reproduisant, nous autoriser même de l'exemple de M. Collombet. Nous le supplierons seulement de bien garder le secret de sa logique, et de ne dire à personne

(1) Pag. 103.

comment de trois fautes d'orthographe qui appartiennent au prote de M. Villemain, et de deux calembourgs dont un seul est sa propriété personnelle, il est parvenu à faire sortir contre le ministre et contre l'Université toute entière, cette grave accusation d'anti-catholicisme ?

Et maintenant nous nous demandons avec douleur comment un homme sérieux et spirituel a pu se donner la peine de lire dix ou douze volumes pour en extraire un système de calomnies, échafaudé sur tant de fausses inductions, pour affirmer que les ouvrages éloquents et instructifs de M. Villemain, auquel on accorde seulement *un style d'assez bon aloi* (1), ne peuvent être admirés que de *certains ignorants* (2); pour déclarer enfin que ses études ne sont qu'un long plagiat, dépouilles des Bénédictins et des Jésuites. M. Villemain n'a jamais dissimulé ce qu'il doit aux Bénédictins, mais il a été neuf après eux, et la méditation des œuvres dont ils ont publié d'excellentes éditions, est devenue chez M. Ville-

(1) Pag. 5, 120.
(2) Pag 119, 120.

main féconde pour la science, pour la critique littéraire, pour la philosophie morale et l'étude des sociétés humaines. Quant aux Jésuites, nous supposons que M. Collombet les cite à ce propos, afin de les honorer par un illustre voisinage ; mais nous ignorons si les Bénédictins de Solême seraient flattés d'apprendre l'injure faite ainsi à leurs devanciers.

Et quoi ! est-ce bien là le résultat que devait produire la lecture consciencieuse de tant d'écrits utiles ? Un acte de dénigrement ! fruit amer ! fruit plein de cendre ! Ah ! si M. Collombet avait su dégager son intelligence des préoccupations qui l'obscurcissent, n'eût-il pas reconnu avec nous dans les notices de M. Villemain sur le IVe siècle de l'ère chrétienne, et dans toutes les autres, les doctrines de cette école spiritualiste, que le XIXe siècle peut opposer avec un légitime orgueil aux sensualités du XVIIIe ? Partout il eût senti des tendances opposées à celles qu'il signale, les courageuses protestations du philosophe chrétien contre les théories qui veulent enlever au cœur de l'homme, les traditions de sa haute origine, ses plus nobles facultés, ses immortelles espérances ? Il eût senti partout ces vigoureuses maximes, honneur du christianisme, que l'Université, fidèle aux enseignements du Grand-Maître, défend et propage, parce qu'elle comprend que pour donner au génie des lettres et des sciences de fécondes applications, elle doit faire aimer à ses élèves la vertu, cette belle, cette majestueuse divinité par qui, suivant le langage des anciens, fleurissent les états et les familles.

Nous croyons avoir accompli notre tâche, et avoir justifié le chef du corps enseignant des délits que M. Collombet lui impute. Cependant nous ne pouvons quitter cette matière, sans avoir fait remarquer avec quelle facilité les Jésuites et ceux qui les défendent, jettent à leurs adversaires le nom de *sophistes*, lorsqu'eux-mêmes le méritent si bien par la méthode de leur argumentation. Je ne solliciterai pas de M. Collombet la preuve d'un épithète si légèrement décochée contre le premier critique de notre époque, contre l'un de nos plus puissants orateurs, qui est en même temps un des meilleurs organes du spiritualisme renaissant en Europe. Mais ce que M. Collombet justifierait difficilement, c'est cet étrange abus de la pensée par lequel il fait sortir toute sa brochure de la nécessité où il se voit de réclamer l'accomplissement de la Charte. Il somme le gouvernement d'en remplir les promesses, et cette Charte, il la méprise et l'insulte, et la révolution qui l'a produite, il l'outrage (1).

Encore, lorsqu'on veut chercher dans une loi des soutiens pour sa cause, faut-il en comprendre l'esprit. Vous réclamez la liberté de l'enseignement (2); mais croyez-vous donc que cette liberté doive être absolue? Les législateurs de 1830 ont-il désarmé l'État? lui ont-ils arraché un droit inaliénable? La charte a été plus sage que vos desirs; elle a stipulé, avant la liberté de l'enseignement, la nécessité d'une loi sur l'instruction publique (3). Nous voulons comme vous la liberté, mais nous voulons une loi qui l'organise, et qui réduise à l'impuissance toutes les mauvaises passions contraires à notre génie national, à notre civilisation, aux libertés conquises.

(1) Pag. 1, 97.
(2) Pag. 1, 2.
(3) Tels sont les vrais principes, déclarés par M. Villemain aux tribunes, et professés par nos légistes. Cf. Laferrière, *Cours de Droit administratif*, édit. 1839, pag. 689.

Ne vous couvrez donc pas de faux prétextes, vous surtout qui déclarez la philosophie du libre examen et de la tolérance bonne *pour le dernier des cuistres*. Outre les reproches fort sérieux que l'on pourrait adresser à vos paroles, si la tolérance est chose vile et vulgaire, que deviendra la Charte elle-même, ce grand acte de tolérance politique et de conciliation entre des principes contradictoires? Ne voyez-vous pas qu'en répudiant la tolérance, qu'en la poursuivant parce qu'elle gêne et blesse vos prétentions étroites, vous brisez de vos propres mains le dernier appui que vous avez encore dans ce pays de libre discussion?

Nous ajouterons que, pour satisfaire à votre impatience, deux lois ont été présentées par M. Villemain. Le pays a repoussé la première malgré la tolérance bienveillante dont elle environnait les prérogatives épiscopales. La seconde n'est pas encore discutée, mais ce n'est pas l'Église assurément qui devrait se plaindre de ses dispositions, quelles que soient les violences auxquelles se sont livrés à ce propos les inquiets et imprudents agitateurs du clergé français.

Depuis treize années, les représentants du

pays, attendent sans trop de peine; ils trouvent que leurs enfants ne sont pas en trop mauvaises mains, et que les colléges de l'Etat valent bien, après tout, les officines des bons Pères. Quant à l'Université, quant à M. Villemain, ils ne résument pas à eux seuls la volonté nationale, ils la respectent, et se conforment à l'esprit de la civilisation française et aux lois régnantes.

Nous serait-il permis d'avouer tous nos scrupules? Il nous paraît peu vraisemblable qu'un homme intelligent et habile comme l'est M. Collombet, ami des lettres anciennes, élégant traducteur de Salvien et d'Apollinaire, se soit aventuré, sans quelque raison tout-à-fait personnelle, dans une polémique de cette nature. Nous nous sommes demandé tout d'abord, mais avec une véritable défiance de nos conjectures, si la rivalité littéraire n'aurait pas été un premier motif de contestation. M. Collombet a traduit les hymnes de Synésius; et M. Villemain l'avait, en partie, devancé dans cette œuvre de goût et de poésie; mais est-il nécessaire pour cela d'attaquer sous tant de rapports différents un prédécesseur toujours utile? M. Collombet évidemment n'avait qu'un droit et qu'un devoir, celui de le surpasser en élégance et en précision. La tâche était assez difficile, et nous croyons qu'elle est restée entière. Dans tous les cas, cette question d'amour-propre et d'émulation ne nous a pas arrêté longtemps, il nous a paru qu'une telle cause ne pouvait produire un si grand orage. En voici une autre qui nous a paru moins destituée de vraisemblance. M. Collombet a donné deux éditions de Synésius. La première est de 1836, et la seconde parut trois ans après. Quelques circonstances bien étranges nous ont frappé dans la comparaison que nous en avons faite.

En tête de la première, se trouve littéralement reproduite, l'étude de M. Villemain sur la vie et les ouvrages de Synésius, sans notule, sans réflexion ; en lisant sur la couverture du livre ces mots : *Avec une notice de M. Villemain,* grande avait été notre joie ; nous pensions que le Ministre avait pris la plume pour remanier le sujet, et s'était fait le collaborateur de M. Collombet ; le nouveau traducteur pouvait y gagner quelque chose, le lecteur devait y gagner beaucoup ; mais non, c'était une reproduction pure et simple d'un écrit partout répandu. M. Collombet avait sans doute obtenu de M. Villemain l'autorisation nécessaire. Il avait été juste et courtois de la demander, et heureux de l'obtenir. La seconde édition, celle de 1839, nous a détrompés. La notice de M. Villemain a disparu, un long travail d'é-rudition un peu confuse en a pris la place, et même le travail de M. Villemain est assez rudement attaqué. Dans la brochure toute récente que M. Collombet a écrite contre M. Villemain, les opinions du ministre sur l'é-vêque de Ptolémaïs, adoptées d'abord sans restriction , ont singulièrement dégénéré ? Elles sont devenues incomplètes, hérétiques ; l'esprit de Voltaire les a dictées , son souffle les inspire (1), et tout est à refaire. Quelle étrange révolution s'est donc opérée entre ces deux éditions du même ouvrage, pour que le blanc soit ainsi devenu noir, et pour que M. Collombet ait tout-à-coup rejeté ces plumes dont il étalait naguères avec complaisance les brillantes couleurs? Plein d'hésitation et d'in-quiétude, sans croire que nous touchions à la vérité , nous avons eu recours à une hypo-

(1) Pag. 28, 29, 30, 31, 34.

thèse, la seule qui ait pu calmer nos doutes. Serait-il tout-à-fait impossible que M. Collombet eut oublié une question de forme vis-à-vis de M. Villemain, et qu'il se fut approprié, sans consentement préalable, cette éloquente introduction? M. Villemain, blessé avec raison d'un tel procédé, aurait-il témoigné quelque mécontentement, et, obligé d'abandonner ce qu'il avait trouvé bon à prendre, M. Collombet n'aurait-il pas éprouvé le besoin impérieux de faire sentir à M. Villemain qu'un plagiaire dépouillé se venge tôt ou tard? Ce n'est là, nous le répéterons, ce n'est là qu'une hypothèse ; mais nous saurons peut-être quelque jour, si elle ressemble à la vérité, ou si elle n'est pas la vérité même, et si l'origine du lourd pamphlet que nous avons combattu remonte en définitive jusqu'aux rancunes d'un pirate littéraire. Que notre hypothèse soit fondée un seul instant, et il sera démontré que dans les seuls intérêts de la vanité, M. Collombet a voulu signaler à la fureur des piétistes des doctrines altérées et défigurées comme à plaisir, pour rendre odieux un nom éclatant et respecté.

Que notre hypothèse soit fondée, et nous

serons en droit de rappeler à M. Collombet la lutte qu'au XVIIIe siècle eurent à soutenir les premières célébrités de cette époque. S'il a oublié les noms de leurs adversaires, nous les lui redirons : c'était Fréron, Desfontaines et Nonotte.